Tito Puente

por Mary Olmstead

traducción de José Miguel López

Raintree

Chicago, Illinois

For information, address the publisher
Raintree, 100 N. LaSalle, Suite 1200, Chicago, IL 60602

Translation into Spanish produced by DoubleO
        Publishing Services
Photo research by Scott Braut
Printed and bound in China by South China Printing
        Co. Ltd.

09 08 07 06 05
10 9 8 7 6 5 4 3 2 1

Library of Congress Cataloging-in-Publication Data
Olmstead, Mary.
        [Tito Puente. Spanish]
        Tito Puente / por Mary Olmstead ; traducción por
José Miguel López.
                p. cm. -- (Biografías hispanoamericanas)
        Includes bibliographical references (p.) and index.
        Contents Los primeros años -- Un banquete
musical -- Un baterista diferente – Bailando
        con el Rey del Mambo – Hacer música – y más
-- -- Todavía con fuerza – Una estrella
        hasta el final.
        ISBN 1-4109-1592-1 (hc) -- ISBN 1-4109-1597-2
(pbk.)
1. Puente, Tito, 1923- 2. Hispanic American musicians
– Biography – Juvenile literature.
I. Title. II. Series.

ML3930.P83O518 2005
784.4'1888'092 -- dc22
[B]   2004059750

Acknowledgments
The publisher would like to thank the following for
permission to reproduce photographs:
p. 4 Guy Le Querrec/Magnum Photos; pp. 6, 23, 32
Hulton Archive/Getty Images; pp. 8, 14, 24
Bettmann/Corbis; p. 16 Underwood &
Underwood/Corbis; pp. 20, 38, 46 Martin
Cohen/congahead.com; p. 26 Widener Je/ Corbis Sygma;
p. 29 Corbis; p. 31 Alton Taube, courtesy The Juilliard
School; p. 36 Bob Parent Photo Archive; p. 37 courtesy
Universal Records p. 40 Michael Caulfield/Reuters
Photo Archive/NewsCom; p. 44 Suzanne Plunkett/AP
Wide World Photo; p. 45 Reuters NewMedia Inc./Corbis;
p. 48 Roger Ressmeyer/Corbis; pp. 52, 57 Mike
Blake/Reuters Photo Archive/NewsCom; pp. 54, 59
Kevork Djansezian/AP Wide World Photos

Cover photograph by Frank Driggs Collection/Archive
Photos/Hulton Archive/Getty Images

Every effort has been made to contact copyright holders
of any material reproduced in this book. Any omissions
will be rectified in subsequent printings if notice is given
to the publisher.

Algunas palabras se muestran
en **negrita**. Puedes averiguar
lo que significan buscándolas
en el glosario.

Contenido

Tito Puente fue uno de los más grandes directores de banda de todos los tiempos. Fue quien presentó el jazz latino a millones de oyentes.

Introducción

Tito Puente escribió, tocó y **dirigió** música por más de cincuenta años. Tocaba la batería a la velocidad de la luz, estableciendo nuevos estándares para otros **percusionistas**. Podía dirigir su banda y tocar los tambores al mismo tiempo. Sin perder el **ritmo**, movía la cabeza y las baquetas, o palos, para dirigir la banda. Era impresionante verlo tocar, y la música que tocaba era divertida para bailar.

Tito Puente usaba elementos tanto de la **música latina** como del *jazz* para tocar un nuevo tipo de música llamado *jazz* **latino**. Música latina es un término amplio para referirse a la música que viene de Latinoamérica. También significa cualquier música influenciada por sonidos **latinos**. *Jazz* es una forma de música desarrollada por músicos afroamericanos a principios del siglo veinte. Es una música con un ritmo fuerte, con **solos** e **improvisación**. Improvisación es música que se inventa en el momento en que se toca.

Tito Puente era muy expresivo cuando tocaba la batería.

Tito Puente escribió y publicó más de cuatrocientas canciones originales. También adaptó más de 2,000 canciones escritas por otros, dándole a sus canciones un compás **latino**. Su album más conocido es *Dance Mania*. Lanzado en 1958, fue uno de los álbumes más vendidos de todos los tiempos. Este dedicado director de banda grabó más de 100 álbumes.

Tito Puente era impresionantemente popular entre el público americano durante la década de1950. Sus actuaciones sorprendían a la gente, que lo llamaba "El rey del **mambo**". El mambo es un tipo de **música latina** que Tito ayudó a popularizar en la década de 1950. A veces a Tito lo llamaban simplemente "El rey". Hoy en día, una nueva generación entera ha descubierto la música latina. La influencia de Tito aún se puede sentir en esas canciones mundialmente populares.

A Tito Puente le encantaba compartir la alegría de la música con los demás. Como director de banda, presentó el talento de otros músicos. También presentó a cantantes latinas al público por primera vez. Fundó una beca para animar a los artistas jóvenes a estudiar música. Hasta casi el final de su vida, Tito tocó entre 200 y 300 funciones al año. Realmente la música era la vida de Tito Puente.

Esta foto de la década de 1940 muestra el vecindario de Harlem en la ciudad de Nueva York.

Capítulo 1:
Los primeros años

Ernest Anthony Puente hijo nació el 20 de abril de 1923 en el Hospital Harlem de la ciudad de Nueva York. Cuando era pequeño, le pusieron el apodo de Ernestito. Del nombre Ernestito salió el apodo Tito, que fue el nombre con que lo llamaron el resto de su vida.

Los padres de Tito, Ernesto padre y Ercila Puente, se mudaron a Nueva York desde la isla caribeña de Puerto Rico poco antes del nacimiento de Tito. Como muchos puertorriqueños, los Puente se mudaron a Estado Unidos en busca de oportunidades. En Nueva York, el padre de Tito encontró trabajo como capataz de una fábrica de hojillas de afeitar. Un capataz es una persona que supervisa el trabajo de otros trabajadores. Anna, la hermana de Tito, nació en 1926. Un hermano llamado Alberto nació unos años más tarde. Lamentablemente, Alberto murió al caerse de una escalera de incendio cuando sólo tenía cuatro años.

Harlem hispano

Tito se crió en un vecindario de Nueva York llamado Harlem. La parte de Harlem donde vivía Tito era conocida como Harlem hispano o "El Barrio". El vecindario era una mezcla de diferentes grupos **étnicos** que hablaban diferentes idiomas. Los grupos étnicos que vivían en Harlem cambiaban continuamente. Cuando Tito era joven, la mayoría de la gente que vivía en el vecindario era italiana, judía, puertorriqueña cubana y afroamericana.

Las escuelas del vecindario en Harlem hispano estaban **integradas**: asistían niños de todas las razas y grupos étnicos. Los padres de Tito se aseguraron de que Tito aprendiera sobre sus propios antecedentes puertorriqueños. La familia preparaba comidas que eran típicas de Puerto Rico. Ernesto y Ercila insistían en que los niños hablaran y leyeran en español, el idioma de Puerto Rico. Esto significa que Tito era **bilingüe**, porque hablaba tanto inglés como español.

Cuando Tito era un niño, la **discriminación** contra las personas de color era común. En algunas partes, africanoamericanos e hispanos no podían comer en los mismos restaurantes ni ir a las mismas escuelas que los blancos. Algunos puertorriqueños tienen la piel muy oscura, y otros no. Como Tito tenía la piel clara, no sufrió los efectos de la discriminación como los hubiera sufrido de haber sido más oscuro.

La vida en Harlem hispano tenía sus problemas, pero también era diferente a muchas otras áreas de Estados Unidos. En la época en que

Latinos en el Harlem hispano

Puerto Rico se convirtió en un territorio de Estados Unidos después de la Guerra Hispano Americana en 1898. Los puertorriqueños no podían votar en las elecciones nacionales, pero en 1917 se les concedieron la mayoría de los derechos de los ciudadanos estadounidenses. Poco después, los puertorriqueños comenzaron a emigrar en grandes números a Estados Unidos. Venían para aprovechar oportunidades que no tenían en Puerto Rico.

Muchos **latinos** se establecieron en Harlem. Harlem es una sección de la ciudad de Nueva York ubicada en la isla de Manhattan. Muchos afroamericanos vivían allí. Los latinos fueron a Harlem por las mismas razones que los afroamericanos: por las oportunidades de trabajo y la rica vida **cultural** de Harlem. Los padres de Tito animaban a sus hijos a aprovechar las muchas oportunidades culturales que se podían encontrar en Harlem.

El lado este de Harlem se conocía como Harlem hispano. Se llamaba así por la gran cantidad de latinos que vivían allí. Un latino es una persona de Latinoamérica, o alguien cuyos antepasados vinieron de Latinoamérica. Al vecindario también se le conocía como "El Barrio".

Tito nació, la **discriminación** en Harlem hispano no era tan común como lo era en el sur de Estados Unidos. Durante la década de 1910, vinieron afroamericanos de todo el país a vivir en Harlem. Ellos ayudaron a promover la idea de que la **cultura** negra era algo de lo que debían sentirse orgullosos. Vivir entre gente de distintas razas y distinto origen **étnico** hacía más fácil la aceptación de los demás.

Tito describía a su barrio como "bastante duro". Su familia era pobre y se mudaba a menudo porque siempre estaba buscando un sitio en el que el alquiler fuera más barato. "A veces llegaba de la escuela para darme cuenta de que se habían mudado a la acera del frente porque les daban dos meses [gratis] de alquiler", recuerda Tito.

El joven músico

Cuando era niño, a Tito le gustaba hacer las cosas que normalmente hacían los otros niños de su edad. Jugaba al béisbol con sus amigos, montaba bicicleta, se unió a los Boy Scouts.

En 1930, cuando tenía siete años, la mamá de Tito lo inscribió en clases de piano en la Escuela de Música de Nueva York. El maestro de piano de Tito descubrió muy pronto la habilidad natural para la música que tenía el muchacho. De vez en cuando, Tito también estudiaba el piano con músicos y **compositores** latinoamericanos famosos. La familia no tenía mucho dinero, pero la madre de Tito encontró la forma de pagar por las lecciones.

Tito recibió lecciones de piano por siete años. También empezó a tomar lecciones de tambor entre los diez y los doce años. El joven músico aprendió los elementos básicos de la **percusión** de un maestro llamado señor Williams. En casa, Tito usaba tenedores y cucharas o lo que tuviera a mano para crear los **ritmos** que oía en su cabeza. Usaba los muebles, la mesa o cualquier cosa que hiciera ruido como tambor. "Siempre estaba tocando en cajas o en el rellano de la ventana", admitía Tito de adulto.

Estrellas del futuro

Cuando Tito tenía unos doce años, a él y a su hermana Anna les gustaba ver las películas de Fred Astaire y Ginger Rogers, que eran dos estrellas populares que bailaban juntos en varias películas de la década de 1930. La madre notó el interés de sus hijos en el baile y los inscribió en clases. Estas clases les serían útiles por mucho tiempo. Tito se convirtió en uno de los pocos directores de banda que realmente sabía bailar.

Tito y Anna se unieron a una organización del vecindario para niños interesados en las artes escénicas. Se llamaba Stars of the Future (Las Estrellas del Futuro). La organización tenía sus reuniones en la iglesia a la que asistía su familia. Cada año, la organización hacía reconocimiento de los logros de los niños como artistas escénicos. Los niños más talentosos eran coronados como reyes o reinas por sus habilidades artísticas y su popularidad como artistas escénicos. Tito era tan buen bailarín que fue coronado cuatro veces.

El músico de jazz Count Basie fue una de las primeras influencias musicales de Tito Puente. Basie grabó algunos de los discos más emocionantes del jazz de grandes bandas. Esta es una fotografía de Basie en el film Hecho en París.

Capítulo 2:
Un banquete musical

Tito estuvo rodeado de música durante su niñez. La ciudad de Nueva York ofrecía algunas de las variedades de música más interesantes del país. Había **música latina**. Había magníficos artistas del *jazz* y grandes bandas que tocaban una nueva música llamada *swing*. Tito escuchaba por la radio bandas populares de baile que tocaban en vivo. A veces él y su padre iban a teatros de la ciudad, como el Paramount y el Strand, para ver a bandas de *jazz* en vivo.

Los grandes artistas del *jazz* de la época influenciaron a Tito Puente. Entre sus héroes musicales estaban Duke Ellingtyon y Count Basie. Tito escuchaba sus discos y los discos de otros artistas populares del *jazz*: Woody Herman, Dizzy Gillespie y Charlie Parker.

El baterista de *jazz* Gene Krupa era otro de los héroes de Tito. A Tito le encantaba el **solo** de Krupa en "Sing, Sing, Sing", una canción popular en aquella época. Tito se memorizó el solo de batería —el solo es la parte de una canción en la que un instrumento toca sin acompañamiento— nota por nota. Lo tocó en un concurso de batería y ganó.

Las extravagantes presentaciones del director de banda Xavier Cugat influenciaron a Tito Puente a dar un buen espectáculo cuando él se convirtió en director de banda.

Una mezcla de estilos

A Tito le encantaba la **música latina**. Cuando era un adolescente, escuchó la música popular latina de gran banda de Xavier Cugat. Cugat era un español criado en Cuba. Era director de banda y violinista. Se mudó a Nueva York en 1915. En la década de 1930 formó una banda popular.

Parte del encanto de la banda era el espectáculo que ofrecía. Todos los músicos llevaban puestas unas llamativas chaquetas rojas. Los bailarines de la banda hacían demostraciones de los últimos pasos de baile latinoamericano y animaban al público a seguirlos y aprenderlos. La banda tenía un cantante y Cugat tocaba el violín. Entre canción y canción, Cugat seguía entreteniendo al público conversando con ellos y con los miembros de la banda.

El mayor encanto de la banda de Cugat era la música misma. Gente de todo el país escuchaba su música en la radio. Los músicos de Cugat tocaban varios instrumentos de **percusión**. Tocaban las maracas (instrumento de percusión que se sacude), el bongó (un par de tambores pequeños conectados), y congas (un tambor alto que se toca con las manos).

Cugat y otros músicos **latinos** usaban percusión en sus bandas para crear interesantes **ritmos** secundarios que complementaban al ritmo central de formas inesperadas. El público de todas partes estaba fascinado con los sonidos animados que se enfrentaban entre sí. Años más tarde, cuando ya era director, Tito le daba al público lo que el público quería: excelente música y un buen espectáculo.

Al comienzo de su adolescencia, Tito y su padre escuchaban a menudo la **música latina** que tocaban en los clubes y calles de su propio vecindario. Músicos de Puerto Rico y de Cuba compartían libremente sus tradiciones musicales entre sí. A veces añadían elementos del *jazz* para producir un nuevo sonido.

El resultado fue una interesante mezcla de **percusión** latina combinada con melodías de tipo *jazz*. Los que tocaban la percusión se turnaban para salir del **ritmo** principal en distintos momentos durante las canciones. Esto creaba un sonido rico de varias capas. La gente iba a escuchar y a bailar la música.

Influencias cubanas en la música de Tito: Mario Bauzá y "Machito" Frank Grillo

Los cubanos "Machito" Frank Grillo (1909 a 1984) y su amigo y cuñado Mario Bauzá (1911 a 1993) fueron dos de las grandes influencias de Tito Puente. Ambos se mudaron a la ciudad de Nueva York en la década de 1930.

Bauzá fue importante en la historia del *jazz*. Fue quien descubrió a la cantante de *jazz* Ella Fitzgerald y presentó a Dizzy Gillespie a otros músicos de *jazz*.

Duke Ellington y Count Basie también le pidieron a Bauzá que tocara en sus bandas. En lugar de eso, Bauzá se convirtió en el director de la Orquesta de Machito. Bauzá ayudó a promover a los músicos cuyo talento admiraba, incluyendo al joven Tito Puente. A Bauzá se le atribuye con frecuencia la invención del *jazz* latino.

Sus años de adolescente

Hacia 1937, la música ocupaba el centro de la vida de Tito. En la escuela secundaria, podían encontrar al joven de catorce años tocando el piano en el auditorio durante el almuerzo. Habitualmente, varias personas se reunían para verlo tocar. Entre clases, Tito y un grupo de amigos cantaban en las escaleras. Después de las clases, cantaban en las esquinas de las calles.

Tito conoció a Frank Grillo, cuyo apodo era Machito, a través de otros músicos que conocía. El cantante y trompetista había llegado de Cuba en 1937. Los fines de semana, Tito tocaba con Machito y otros músicos del vecindario en la calle 110 con la quinta avenida, cerca de Park Plaza.

Machito apoyaba la habilidad musical de Tito. Tiito aprendió mucho tocando el piano y el saxofón con Machito y los otros músicos de la calle que aparecían en estas sesiones informales. Observaba cuando los músicos cubanos tocaban los timbales: dos tambores pequeños de metal puestos en un paral que se tocaban con baquetas.

A Tito le parecía natural mezclar distintos estilos de música porque eso era lo que oía en el Harlem hispano. Tito comenzó a experimentar haciendo **arreglos** nuevos de la música que escuchaba. Eso significa que tomaba una pieza musical y la adaptaba para distintos instrumentos y estilos de música.

Tito Puente actuando junto a "Machito" Frank Grillo en la ciudad de Nueva York.

Grandes bandas y bandas de *swing*

En la década de 1930 apareció un estilo musical conocido como el **swing**. El *swing* es una forma simple de *jazz* con un **ritmo** suelto y fluido. El compás del *swing* es animado y fácil de bailar. Muy pronto se convirtió en una música muy popular.

El *swing* lo tocaban grandes bandas que tenían tres o cuatro de cada uno de los siguientes instrumentos: saxofón, trompeta y trombón. También tenían batería, piano, bajo y guitarra. Las grandes bandas eran más grandes que las bandas pequeñas de *jazz* que tocaban en la década de 1920. Duke Ellington, Tommy Dorsey y Benny Goodman fueron algunos de los directores de banda famosos.

Durante la Segunda Guerra Mundial (1939 a 1945), los soldados estadounidenses considerban el *jazz* y el *swing* como símbolos de su país. Tanto el ejército como la marina de Estados Unidos formaron grandes bandas militares. Estas bandas seguían a las tropas y tocaban música para que los soldados olvidaran, al menos por un momento, los horrores de la guerra.

Un gran paso

Hacia el final de la década de 1930, la música cubana y el *swing* eran muy populares. Los músicos podían hallar trabajo fácilmente. En Nueva York, muchos salones de baile en hoteles contrataban dos bandas separadas para tocar cada noche. Una tocaba música cubana y la otra tocaba *swing*.

Tito dejó la escuela en 1939 a los dieciseis años para dedicar todo su tiempo a la música. Pocos meses después, conoció a un hombre llamado José Curbelo, un pianista recién llegado de Cuba. El conocer a Curbelo fue una gran oportunidad. El músico mayor quedó impresionado con el talento de Tito. A Curbelo le ofrecieron un trabajo de tres meses tocando música en Miami. Invitó a Tito para que lo acompañara.

Curbelo se convirtió en el mentor de Tito. Un mentor es una persona que comparte sus experiencias y conocimientos con un principiante. Tito aprendió lo que era estar de gira como músico profesional. Curbelo le enseñó el aspecto de negocios del mundo de la música a Tito. No se arrepintió de haberse llevado a Tito a Miami. Dijo, "Pensaba que había visto a los mejores **percusionistas** en Cuba... hasta que vi a Tito tocar".

Tito regresó a Nueva York al final de la gira en Miami. Encontró trabajo fijo tocando en diferentes bandas. Dos años después, hizo su primera grabación con la Orquesta Suave *Swing* de Vincent López. Hizo otras grabaciones con la banda de Noro Morales. Esa banda también hizo cuatro películas musicales cortas. Las películas musicales eran muy populares. La carrera musical de Tito estaba agarrando impulso.

Esta fotografía de la banda de Vincent López fue tomada en una playa de Atlantic City, New Jersey, en la década de 1930.

Millones de hombres se hicieron soldados y combatieron en la Segunda Guerra Mundial. Tito Puente también se hizo soldado. Durante su época en la marina, conoció a otros músicos.

Capítulo 3:
Un baterista diferente

En junio de 1942, Estados Unidos entró en la Segunda Guerra Mundial. Jóvenes de todas partes fueron reclutados o llamados a servir a su país. Cuando reclutaron al baterista de la banda de Machito, Machito contrató a Tito para que tomara su lugar.

Para Tito fue un golpe de suerte poder trabajar con su amigo. Machito mezclaba **ritmos latinos** con sonidos del *jazz*, un estilo de música que más tarde se llamaría *jazz* latino. Mario Bauzá, el director musical de Machito, le mostró a Tito cómo creaba sus **arreglos** musicales.

A los diecinueve años, ya Tito estaba desarrollando su propio estilo de tocar. Tito armó una combinación interesante de instrumentos de **percusión**. Escogió los timbales, un bombo y unos platillos. Los timbales le permitían a Tito tocar de pie, en lugar de sentado como la mayoría de los bateristas. Esto era poco usual. También le daba a Tito la libertad de moverse.

Tito casi siempre tocaba de pie.

La ubicación de los tambores de Tito también era poco usual. Lo ubicaba frente a la orquesta, y no al fondo o a un lado. Así la gente podía verlo y escucharlo mejor mientras tocaba. Lo que veían era la concentración total de Tito mientras sus baquetas se movían a una increíble velocidad. Veían su sonrisa y sus cómicas expresiones faciales.

La velocidad de Tito se comparaba con su gracia. Años de clases de baile en su niñez le daban al joven artista una ligereza de movimientos. Al público le encantaban los pasos elaborados que hacía al bailar mientras tocaba los tambores.

La Segunda Guerra Mundial (1939 a 1945)

Una serie de sucesos condujeron a la guerra más grande de la historia: la Segunda Guerra Mundial. Los líderes de Alemania, Italia y Japón se opusieron a los acuerdos de paz que se escribieron después de terminar la Primera Guerra Mundial en 1918. De 1931 a 1939 estos países tomaron territorios que no les pertenecían a ellos.

La Segunda Guerra Mundial comenzó el 1 de septiembre de 1939, después de que Alemania invadiera a Polonia. Dos días después, Inglaterra y Francia exigían a Alemania que se retirara de Polonia. Alemania se rehusó. Inglaterra y Francia le declararon la guerra a Alemania. En una semana, otros países escogieron sus bandos.

Alemania arrasó a través de Europa, aplastando a Polonia, Dinamarca, Luxemburgo, Holanda, Bélgica, Noruega y Francia. Italia se unió al bando alemán. El combate se extendió a Grecia y el norte de África. En poco tiempo, había batallas en casi cada parte del mundo.

El 7 de diciembre de 1941, Japón bombardeó una base militar de Estados Unidos en Pearl Harbor, Hawai. El ataque llevó a Estados Unidos a la guerra del lado de los Aliados. Los países que apoyaban a Inglaterra y Francia eran llamados los Aliados. Quienes apoyaban a Alemania, Italia y Japón eran llamados las potencias del Eje. Miles de ciudadanos de Estados Unidos lucharon en la guerra. Como otros de su edad, Tito Puente fue reclutado, o llamado al servicio militar.

En Europa la guerra terminó el 7 de mayo de 1945, cuando Alemania se rindió. El 6 y el 9 de agosto, los Estados Unidos lanzaron las primeras bombas atómicas del mundo en las ciudades japonesas de Hiroshima y Nagasaki. Japón se rindió el 2 de septiembre de 1945.

Los años en la marina

Tito estuvo poco tiempo con la Orquesta de Machito porque fue reclutado ese año, 1942, para servir en la Marina de Estados Unidos. Fue asignado al U.S.S. *Santee*. El barco servía de escolta a barcos de suministros y de pasajeros. Tito cargaba las municiones a los cañones. Combatió en nueve batallas que sucedieron en los océanos Atlántico y Pacífico. Después de la guerra, Tito recibió una condecoración presidencial por el papel que jugó durante el combate.

A lo largo de sus años en la marina, Tito siguió tocando música. Tocaba la batería y los saxofones alto y tenor en una banda de *swing* a bordo del barco. Tito tuvo la suerte de tocar con músicos talentosos. Muchos de ellos habían escrito y tocado música con Benny Goodman y otros directores de banda importantes. Ellos le enseñaron a Tito a escribir su música en papel.

Cuando no estaba muy ocupado a bordo del barco, Tito buscaba tiempo para practicar lo que estaba aprendiendo. Así terminó un **arreglo** de una canción llamada "El bajo de Chapotín" y lo envió por correo a Machito, quien tocó la canción con su banda.

En julio de 1944, Anna, la hermana menor de Tito, murió debido a una enfermedad grave. Anna sólo tenía dieciocho años. La Marina le dio a Tito un permiso de emergencia para que asistiera a su funeral. Poco después del funeral, Tito llevó a sus padres a un club cercano donde tocaban música. La gente le pidió que tocara el piano. Tito tocó dos canciones hermosas. La primera fue un homenaje a la memoria de Anna. La segunda se la dedicó a su madre.

Esta fotografía muestra a los soldados haciendo ejercicios a bordo del barco U.S.S. Santee en 1942.

De nuevo en casa

Tito salió de la marina unos meses después. Otro cambio en su vida lo estaba esperando. En diciembre de 1944, Tito se casó con Milta Sánchez. Tres años después, nació su hijo Ronald. En 1970 y 1971 nacieron dos hijos más: Tito hijo y su hija Audrey. El matrimonio terminó en un divorcio, probablemente porque el trabajo de Tito lo mantenía alejado de su casa por mucho tiempo.

Después de haber cumplido los veinte años, Tito estaba ansioso por aprender tanto como fuera posible sobre la música. A través de la ley G.I., el gobierno pagaba por la educación de los **veteranos**. En el inglés popular, *G.I.* significa *soldado*.

En muchas universidades las condiciones para ingresar se suavizaron un poco, así que **veteranos** como Tito que no habían terminado la escuela secundaria pudieron entrar.

Tito asistió a la Escuela de Música Julliard, en Nueva York, de 1945 a 1947. Allí aprendió nuevas destrezas y mejoró las que ya tenía. En Julliard aprendió a escribir partituras para películas y a **dirigir** orquestas. Fuera de la escuela, Tito aprendió a tocar otro instrumento que se estaba popularizando entre los músicos jóvenes: el vibráfono.

El vibráfono es un instrumento de **percusión** que se parece al xilófono. La diferencia es que el vibráfono tiene barras de metal, no de madera como el xilófono. El metal produce un sonido agudo y claro, a diferencia del sonido más denso y redondo de las barras de madera. El vibráfono cuenta también con un aparato que crea tonos más largos, o vibraciones, cuando se golpean las barras.

Una vida musical rica

Era una época feliz, de mucho trabajo. Durante los dos años siguientes, Tito tocó con diferentes bandas u orquestas mientras iba a la universidad. Volvió a tocar con su viejo amigo José Curbelo. Un nuevo tipo de música llamado el **mambo** estaba influenciando a los músicos de Nueva York. El mambo combinaba los sonidos del *swing* con la **música latina** y era divertido bailarlo.

Éste era el edificio en el que funcionaba la Escuela de Música Julliard mientras Tito estudiaba allí.

En septiembre de 1947, Tito se unió a una orquesta dirigida por Pupi Campo. Tito era el baterista y el director musical. Allí Tito conoció al trompetista Jimmy Frisaura, un músico con experiencia que había tocado con muchas grandes bandas. Los dos se hicieron buenos amigos. Más tarde, cuando Tito formó sus propias bandas, Frisaura tocó con él. Tocó junto a Tito por más de cuarenta años, hasta su muerte en 1998.

Tito también comenzó a colaborar, o a trabajar en conjunto, con el pianista de la orquesta de Pupi Campo, llamado José Estévez hijo, y a quien conocían como Joe Loco. Como Tito, Joe era un **compositor** y un **arreglista** talentoso. Ambos trabajaron en varios arreglos para la orquesta de Campo. El grupo con el que trabajaba Tito se estaba convirtiendo en una de las bandas latinas más importantes.

Ésta es una foto de Tito tocando timbales en la década de 1950.

Capítulo 4:
Bailando con el rey del mambo

Durante el verano de 1948, la Orquesta de Pupi Campo estaba tocando en un club de la ciudad de Nueva York. Federico Pagani, un promotor de bailes, fue a escucharlo. Un promotor de bailes es una persona que busca bandas para que toquen en bailes. Cuando la banda se tomó un corto descanso, Pagani vio a Tito que le enseñaba a Joe Loco y los otros músicos una nueva canción en la que estaba trabajando.

Pagani escuchó mientras Tito tocaba una frase en el piano y les cantaba la melodía. Después del descanso, la banda tocó para el público una nueva melodía cargada de emoción. Su belleza le puso la piel de gallina a Pagani. Al final, el promotor de baile le preguntó el nombre de la canción a Tito. Tito replicó: "Aún no le he puesto un título. Es un picadillo". Tito grabó la canción más tarde bajo el título "Picadillo".

Pagani estaba impresionado con el talento de Tito, así que lo invitó a tocar en un club cercano llamado Alma Dance Studio. Tito aceptó. Le pidió a varios músicos de la Orquesta de Pupi Campo que tocaran con él para la presentación única de esa tarde. Pagani llamó al grupo The Picadilly Boys. A los bailadores les encantó su sonido. Semanas después, la gente seguía hablando sobre la magnífica música que habían escuchado aquella tarde.

La primavera siguiente, Tito dejó la banda de Pupi Campo. A los veintiséis años, estaba listo para lanzarse solo como líder de The Picadilly Boys. Jimmy Friasura y otros miembros de la banda de Campo se fueron con él.

El Salón de Baile Palladium

La **música latina**, especialmente el **mambo**, era muy popular al final de la década de 1940 y durante la década de 1950. El mambo se refería tanto a la música como el baile. El baile se hace en parejas, y consiste de una serie de pasos cortos hacia atrás y hacia delante mientras se mueven las caderas. Multitudes de gente llenaban los sitios donde se tocaba. A principios de la década de 1950, el Palladium en la ciudad de Nueva York era conocido como "La casa del mambo".

Tito se convirtió en la atracción especial del Palladium poco después de dejar la orquesta de Pupi Campo. Su orquesta, y las orquestas de Machito y Tito Rodríguez (un amigo de Tito de sus años en la secundaria) tocaban mambo frente a un público numeroso. Se respiraba un aire emocionante cada noche. Las mesas más cercanas al escenario se llenaban de estrellas de cine y otra gente famosa.

La gente se apretaban unos con otros para mirar el baile y ver a las estrellas. Los estudios de baile mandaban a sus estudiantes a menudo para que observaran y aprendieran de los grandes bailadores de mambo.

Tito tocaba con una energía tan tremenda que sus baquetas se rompían en pedazos frecuentemente durante sus **solos** en los tambores. El público enloquecía. A veces la pista de baile hervía de movimiento. A Tito, a quien también le gustaba bailar, le encantaba que los demás estuvieran pasando un buen rato.

El Palladium se convirtió en el lugar para oír el sonido **latino** más moderno. Los músicos de *jazz* que tocaban en los clubes cercanos pasaban por ahí para escuchar mambo durante sus recesos. Muy pronto, lo músicos de *jazz* comenzaron a mezclar el sonido del mambo con su propia música.

Los dos Titos

Pablo "Tito" Rodríguez y Tito Puente se conocían mutuamente desde 1939. De adolescentes, habían vivido a unas cuantas puertas de distancia el uno del otro, en el Harlem hispano. Además de ser puertorriqueños, los dos Titos compartían el interés en la música latina. Se hicieron amigos. De adultos, ambos **dirigieron** bandas que influenciaron la música popular en la segunda mitad de la década de 1940 y durante la década de 1950. De adulto, a Pablo también se le conocía con el sobrenombre de Tito. En 1949, Rodríguez contrató a Puente para que **arreglara** unas canciones para incluir en un disco que estaba grabando.

El **mambo** tenía un efecto positivo en la gente que iba a bailarlo y a escucharlo. La **discriminación** en contra de quienes no eran blancos parecía desaparecerse. **Latinos**, afroamericanos, judíos, irlandeses e italianos iban juntos al Palladium para escuchar la música nueva y emocionante y bailar el mambo.

La orquesta de Tito

Tito se estaba acercando a la fama nacional. Su primer éxito importante fue una canción llamada "Abaniquito". La canción se escuchó por radio en todo el país y le gustó mucho a la gente.

Mientras más éxito tenía Tito, más duro trabajaba. Su orquesta tocaba versiones latinas de canciones populares del *jazz*, y tocaba mambos con una influencia del *swing*. Tito escribía los **arreglos** de estas canciones para cada instrumento en su orquesta: cuatro trompetas, tres trombones, cuatro saxofones y una sección rítmica que incluía el piano, el bajo, los timbales, las congas y los bongos.

La gente se divertía con las expresiones faciales de Tito.

A los veintisiete años, Tito estaba entregando disco tras disco con la palabra *mambo* en ellos: *Tito Puente y los Diablos del Mambo* y *Tito Puente and his Mambo Boys.* Una noche, unos años después, Tito tocó varios arreglos musicales en vivo en la radio de Nueva York. Sus canciones "Ran Kan Kan", "Mambo City" y "Mambo Inn" ganaron aun más oyentes. Estas canciones impulsaron el apodo musical de Tito: "El rey del mambo".

En 1952, el salón de baile Palladium sólo contrataba a bandas que tocaran mambo. Dos años más tarde, la fiebre de mambo alcanzó su cumbre. Un espectáculo llamado "The Mambo-Rhumba Festival" dio una exitosa gira nacional. El espectáculo se presentó en 56 ciudades de Estados Unidos y en él participaron varias bandas. Las bandas de Tito Puente, de Pupi Campo y de Joe Loco tocaron allí. Por primera vez, a los músicos de color —latinos y afroamericanos— les estaban pagando más que a otras bandas.

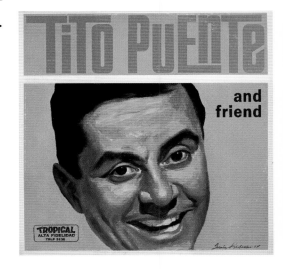

Ésta es la portada de uno de los muchos álbumes de Tito.

Tito Puente admiraba el talento del percusionista Mongo Santamaría.

Capítulo 5:
Hacer música… y más

La carrera de Tito emprendió vuelo durante la década de 1950. Ahora su orquesta incluía a dos **percusionistas**: el conguero Mongo Santamaría y el bongosero Willie Bobo. Más adelante, los dos tendrían sus propias bandas exitosas. A lo largo de los años, Tito tocó con muchos músicos y cantantes que admiraba.

En 1955, Tito grabó *Puente in Percussion* con sus nuevos percusionistas. Este álbum se considera un suceso importante por su creatividad. El álbum era distinto porque sólo usaba instrumentos de percusión y bajos. Los instrumentos bajos son aquellos instrumentos cuyos sonidos están en el registro más bajo. No había instrumentos de viento o piano que tocaran la melodía. El álbum usó como modelo la forma de tocar el tambor que se usa en una tradición religiosa conocida como la santería. Tito se había interesado en la tradición por sus lazos con Cuba.

La santería tenía sus raíces en África y en Cuba. En África se habían usado los tambores por siglos, no sólo para comunicarse entre las tribus, sino en bailes religiosos tribales. La tradición del tambor africano entró en Cuba con la llegada de africanos esclavizados traídos a las Américas.

Sheila E.

Sheila E. es una percusionista popular que nació en 1957 en Oakland, California. Cuando sólo tenía tres años, Sheila tocaba con los instrumentos de percusión de su familia. Su padre, Pete Escovedo, era el director de una banda de *jazz* latino. Sheila iba a menudo a los ensayos de su banda. Cuando sólo tenía cinco años, su padre la invitó al escenario para que tocara un **solo** de tambores ante 3,000 personas. Al público le encantó. Sheila se divirtió. Le dijo a su padre que cuando se hiciera grande quería tocar los tambores.

Siempre que iba a la ciudad, Tito visitaba a la familia de Sheila y muchas veces se quedaba a cenar con ellos. Sheila lo llamaba "tío Tito". Una vez dijo esto de él: "Era encantador como la realeza y su sonrisa podía iluminar el día más oscuro". Sheila recuerda haber escuchado *Puente in Percussion,* uno de sus álbumes favoritos, cuando sólo tenía seis años.

En 1970, cuando Sheila tenía catorce años de edad, Tito la invitó a sentarse con él y su orquesta. Sheila también tocó con la banda de su padre antes de convertirse en un artista en solitario en 1984. Su acto abrió los conciertos de Prince en su gira 1984-1985. Durante esta época Sheila tuvo unos cuantos éxitos y se le podía ver con frecuencia en MTV. En 1989, Sheila, su padre, su hermano Juan y Tito Puente hicieron un video musical de una hora titulado *La familia.* En él aparecen Sheila, Pete Escovedo y Tito tocando los tambores juntos.

Puente in Percussion no fue un éxito importante, pero trajo la tradición del tambor afrocubano a la atención del mundo moderno. Años más tarde, el álbum de Tito influenciaría a una joven percusionista y amiga de la familia llamada Sheila E.

Construir puentes musicales

En 1956, Tito grabó dos álbumes que atrajeron mucha atención. *Cuban Carnival* fue su primer álbum ampliamente exitoso. Dos de sus canciones se convirtieron en grandes éxitos. A la gente le gustó tanto "Pa' los rumberos" y "Qué será mi china" que se convirtieron en canciones clásicas. "Pa' los rumberos" sería grabada dieciséis años más tarde por un músico **latino** llamado Carlos Santana. El otro álbum, *Tito Puente Goes Jazz,* fue lanzado unos meses después de *Cuban Carnival.* En él se incluían los **arreglos** de Tito de varios clásicos del *jazz.*

Al año siguiente, el gobierno cubano homenajeó a los grandes músicos cubanos de los últimos cincuenta años en una ceremonia especial. Mario Bauzá, el amigo cubano de Tito, se aseguró de que Tito fuera formalmente reconocido por unir a la gente de distintas **culturas** con su música de influencia cubana. Tito fue el único homenajeado que no era cubano.

Poco después de este honor, Tito grabó uno de los álbumes más exitosos de su carrera. *Dance Mania* apareció en la escena musical en 1958 y mantuvo su popularidad muchos años después. En el álbum se presentaban varios **ritmos latinos** de baile, incluyendo el **mambo** y el chachachá. A la gente de todo el mundo le encantaba bailar las canciones animadas con sus ritmos distintivos. "El Cayuco" se convirtió en un éxito inmediato entre el público. Varias otras canciones se convirtieron en clásicos, incluso "Hong Kong Mambo".

Tito aprovechó de la popularidad que disfrutaba nacionalmente. Grabó más de treinta álbumes en la década de 1950. Escribió canciones originales e hizo **arreglos** de otras canciones. Tito tenía un talento para crear su propio sonido haciendo unos cuantos cambios aquí y allá a las canciones de los demás. El público del Palladium disfrutaba algo nuevo casi cada semana.

Diversificación

En 1960, Tito grabó un álbum llamado *Revolving Bandstand*. Puso a dos grandes bandas en un estudio. Una banda tenía una sección rítmica latina. La otra tenía una sección rítmica de *jazz*. Primero, la banda de *jazz* tocaría una canción de *jazz*. Luego la banda latina tocaría el puente de la canción al estilo latino. Un puente es un pasaje musical que une dos secciones de una canción. La banda de *jazz* y la banda latina se intercambiaban durante cada canción. Usar ambos tipos de música en partes separadas de la misma canción era una forma poco común, pero interesante, de tocar una canción.

Revolving Bandstand no se lanzó sino hasta la década de 1970. La gente que decidía qué música lanzar para la compañía disquera no entendía muy bien la música de Tito y sólo querían sacar discos que vendieran montones de copias. La música de Tito era original e interesante, pero no todos sus discos fueron populares. Había cientos de canciones de Tito que la nueva compañía nunca lanzó porque muchas no entraban en el estilo popular que vendía muchos álbumes.

Durante la década de 1960, la música de Tito comenzó a atraer atención en otros países. En 1962, Tito dio su primera gira de conciertos en Japón, donde la **música latina** estaba comenzando a ganar un público. Tito ayudó a que la música se popularizara allí. Después de su primera y exitosa gira de 1962, volvió a Japón varias veces para tocar para muchos admiradores entusiastas.

El Palladium cerró sus puertas en 1966, finalizando la era dorada del mambo. El estilo de música latina de Tito había alcanzado su punto máximo en la década de 1950. Luego perdió su encanto con el público más joven.

La música de Tito no era tan popular, pero había suficiente demanda como para que fuera de gira con frecuencia. Tito siguió tocando y grabando. Le dio apoyo al trabajo de cantantes femeninas y grabó con Celia Cruz y La Lupe. Ambas mujeres eran cantantes y artistas extraordinarias.

Esta fotografía muestra a Tito Puente marchando en el Desfile Puertorriqueño en la ciudad de Nueva York en 1999.

Tito se separó de su papel de director de banda de **música latina** para probar otras cosas. En 1967, Tito dio un concierto en la Metropolitan Opera de Nueva York. Tito **dirigió** una orquesta sinfónica que tocó su música. El concierto reafirmó la reputación de Tito como talentoso **compositor**.

En la década de 1960, Tito fue anfitrión de su propio programa de televisión en un canal de habla hispana. Se llamaba *El mundo de Tito Puente*. En 1968, Tito encabezó el Desfile Puertorriqueño en la ciudad de Nueva York. Al año siguiente, el alcalde de Nueva York le entregó una llave de la ciudad a Tito. Cuando a alguien le dan una llave de la ciudad significa que esa persona ha hecho algo que honra a la ciudad. El éxito de Tito enorgullecía a puertorriqueños y cubanos.

Celia Cruz (1929 a 2003)

Celia Cruz era conocida como "La reina de la música latina". Fue una de las cantantes más famosas de Cuba, y era conocida por su voz profunda y poderosa. Tito describió el efecto que tuvo en él su voz la primera vez que la escuchó en el radio. "Era poderosa y energética. Yo juraba que era un hombre. Nunca había oído a una mujer cantar de ese modo".

 Cruz nació en La Habana. Estudió voz y teoría musical en el Conservatorio de Música de La Habana y comenzó a cantar en la radio y en clubes pequeños. En 1949, hizo una gira por México y por Venezuela con una banda. Al año siguiente, se unió a la Sonora Matancera, una de las bandas más populares de Cuba. Aparecían a menudo por la televisión y la radio. Hicieron giras y aparecieron en varias películas producidas en México. Durante la década de 1950, Cruz cantaba en el famoso club Tropicana de La Habana.

Cruz se mudó a Estados Unidos en 1960. Cantó con Tito Puente y grabó veinte discos durante la década de 1960. Los jóvenes **latinos** descubrieron a Cruz cuando la **salsa** se hizo popular en la década de 1970.

Cruz era famosa por sus trajes coloridos y sus sombreros de plumas, lentejuelas y cintas. Se ganó el premio **Grammy** latino por la Mejor Actuación de Salsa en 2000. Celia Cruz grabó más de 70 álbumes antes de morir en 2003.

La concentración de Tito al tocar era absoluta. Ésta es una foto de Tito tocando en el Palladium durante la década de 1960.

Capítulo 6:
Todavía con fuerza

A finales de la década de 1960, la **música latina** comenzó a cambiar. Músicos de todo Estados Unidos comenzaron a experimentar mezclando diferentes estilos musicales. En Nueva York, la música latina aún tenía una fuerte base de apoyo entre los músicos y el público. Un estilo musical llamado **salsa** se hizo popular.

Salsa es un término abierto para definir la música latina que se hizo popular durante la década de 1960. Incluye muchos tipos de música latina, como el **mambo**, el chachachá y otros tipos de música caribeña. Tito tocaba esta versión actualizada de música afrocubana. También tomaba prestadas características de otros estilos musicales como el *jazz*, el rock y el *rhythm and blues*.

Éxito musical

Al comienzo de la década de 1970, un músico joven de rock **latino** llamado Carlos Santana presentó la música de Tito a una nueva generación de oyentes. Santana incluyó su versión de la canción "Oye cómo va" de Tito en su disco *Abraxas* de 1970. La versión de Santana de esta canción que Tito había grabado en 1962 se convirtió en un éxito instantáneo entre los fanáticos del rock. En poco tiempo, la versión de

Santana era un éxito internacional. Era popular entre los **latinos** de todo el mundo. "Oye cómo va" todavía se toca en las estaciones de radio dedicadas al rock.

A Tito no le importaba mucho que la gente le pidiera en un show que tocara la "canción de Santana". Su actitud era que Santana estaba exponiendo a más gente a la **música latina**. En la opinión de Tito, eso siempre era bueno.

Carlos Santana usaba su guitarra eléctrica para presentar la música latina a una nueva generación de oyentes.

Santana grabó otra canción de Tito en 1972. También se convirtió en uno de sus grades éxitos. "Pa' los rumberos" era del álbum llamado *Cuban Carnival*, grabado por Tito en 1956. A Tito le gustó la versión rock de Santana e incluyó algunos de los cambios de Santana en sus propias presentaciones de la canción.

Los dos artistas aparecieron juntos en concierto por primera vez en 1977. Sus bandas tocaron en el *Roseland Ballroom* en Nueva York. La gente que nunca antes había visto a Tito tocar se quedó sorprendida con la forma en que tocaba los timbales y **dirigía** la orquesta al mismo tiempo.

Carlos Santana

En la década de 1970, el guitarrista Carlos Santana presentó a una nueva generación los sonidos latinos. Nacido en México en 1947, su familia se mudó a San Francisco, California, cuando tenía quince años. Su padre le enseñó a tocar el violín. Cuando Santana tenía ocho años, se cambió a la guitarra.

El grupo de Santana combinaba el rock con **percusión** al estilo latino. El segundo álbum de la banda, *Abraxas*, se convirtió en un disco número uno en 1970. Una de sus canciones, "Oye cómo va", se convirtió en un éxito internacional. Originalmente fue grabada por Tito Puente.

En 1998, el grupo de Santana fue elegido para entrar en el Salón de la Fama del Rock and Roll. En 1999, Carlos Santana lanzó su disco *Supernatural*. Vendió más de 20 millones de copias y recibió ocho premios **Grammy**.

Un periodista que asistió al concierto dijo que había sido un gran espectáculo. "Puente **dirigía** a su orquesta de quince piezas con movimientos de la cabeza y gestos de la mano mientras tocaba los timbales; en un momento, cuando dio la señal con su típico gesto con la baqueta por encima de su cabeza, toda la sección de metales se levantó en una fila a su izquierda y comenzó a tocar como una sola pieza. La gente se volvió loca".

Percusión latina

El interés en la **música latina** volvió a crecer en la década de 1970, tanto en Estados Unidos como en otros países. Un hombre llamado Martin Cohen formó una compañía llamada Latin **Percussion**. Hacían instrumentos de percusión latina y los vendían por todo el mundo. Para atraer la atención a sus instrumentos, Cohen formó un grupo de músicos **latinos** para que dieran una gira por Europa y Japón.

Tito era uno de los héroes musicales de Cohen. Cohen se fascinó cuando Tito estuvo de acuerdo en ir de gira con la banda pequeña a la que Cohen llamó LP *Jazz* Ensemble (*LP* significa "percusión latina" en inglés). Al público de todas partes le encantó el grupo. Tito comenzó a darse cuenta de la fama que tenía su música en todo el mundo.

Cohen llegó a conocer mejor a Tito mientras viajaba junto con la banda. El talento musical de Tito y su personalidad extrovertida lo encantaron. Cohen decía que Tito era "una fuente continua de inspiración" que lo mantenía sonriente con su sentido del humor y sus réplicas rápidas.

Más éxito

Tito granó su primer premio **Grammy** en 1979. El premio se debió a su álbum *Homenaje a Beny*. En el álbum participaban su gran orquesta y varios cantantes, incluyendo a su vieja amiga Celia Cruz.

De acuerdo con su naturaleza, Tito era generoso al dar crédito y alabar a los compañeros músicos que trabajaban con él. Describía a Celia Cruz como la reina de la música latina y señalaba que a la gente le encantaba cómo cantaba "por ser tan bella".

Tito también era generoso con su tiempo. Cuando tocaba en universidades de Estados Unidos, Tito trabajaba con los jóvenes músicos que iban a aprender de él. En 1980, Tito y un grupo de músicos establecieron una beca musical con su nombre en Juilliard, adonde Tito había asistido después de la Segunda Guerra Mundial. La beca ayudaría a los jóvenes músicos talentosos a ampliar sus estudios.

Tito creía que era importante que los jóvenes percusionistas latinos pudieran leer música, para que así supieran lo que estaban haciendo al entrar en un estudio de grabación. Tito explicaba: "No sólo cuenta lo que aprendes en la calle. Realmente hay que estudiar".

Los premios Grammy

El Grammy es un premio de la industria disquera y que presenta cada año la Academia de Grabación. Se entrega como homenaje a la excelencia en las artes y ciencias de la grabación. El premio se les da a los músicos y los que ayudan a grabar la música. Algunos premios Grammy se le entregan para honrar logros especiales en la industria disquera. El Tech Award se le entrega a individuos o compañías que han hecho contribuciones de importancia técnica sobresaliente en el campo de las grabaciones. El Lifetime Achievement honra los logros de un artista a lo largo de su vida. El premio de 2003 le correspondió a Tito Puente después de su muerte.

Los Premios Grammy **Latinos** comenzaron en 2000 para honrar los logros artísticos en el campo de la **música latina**. El espectáculo fue el primer programa de televisión en horario estelar (programas que se transmiten de noche, cuando el público es más numeroso) transmitido mayormente en español o en portugués. Gente de todo el mundo vio el programa.

Una nueva dirección

A principios de la década de 1980, Tito firmó un contrato de grabación con Concord Records, una compañía que se dedicaba mayormente a discos de *jazz*. Tito cambió el nombre de LP *Jazz* Ensemble a Tito Puente *Jazz* Ensemble (más tarde llamado Tito Puente and His Latin Ensemble).

Tito ganó su segundo premio **Grammy** en 1983 por el disco *On Broadway*. Fue su primera grabación para la nueva compañía.

El éxtio de *On Broadway* llevó a Tito hacia otra dirección. Hasta ese momento, el *jazz* **latino** no había tenido el éxito comercial que otros estilos musicales como el rock habían tenido. Con el lanzamiento de *On Broadway*, el *jazz* latino comenzó a recibir más atención de los oyentes y la industria disquera.

Los discos de Tito a lo largo de la década de 1980 estuvieron marcados por **arreglos** creativos y refrescantes de sus propias canciones y de canciones de otros artistas. En 1984, Tito llamó a su segundo disco para Concord Records *El rey*, que era uno de sus apodos. El álbum incluía arreglos nuevos de canciones clásicas populares del *jazz* y una regrabación de la popular canción "Oye cómo va".

Tito fue homenajeado varias veces por su talento musical. Ganó un tercer Grammy por ***Mambo Diablo*** en 1985. En 1987 fue elegido mejor **percusionista** en una encuesta que hizo a sus lectores la revista *Downbeat*, una de las revistas de *jazz* más respetadas. Ese mismo año, Tito ganó un premio llamado el Eubie. Se lo dio la Academia Nacional de Ciencias y Artes de Grabación en reconocimiento a su contribución a la música por más de cincuenta años.

Uno de los muchos honores que recibió Tito Puente por su trabajo fue una estrella en el Paseo de la Fama de Hollywood en 1990.

Capítulo 7:
Una estrella hasta el final

En 1993, Tito comenzó una nueva etapa en su vida personal. Se casó con Margie Ascencio. En su vida profesional, mantuvo su horario ocupado de siempre. A veces hablaba de tomarse las cosas con más calma, pero nunca lo hizo. A lo largo de la primera mitad de la década de 1990, Tito tocó por todo el mundo, tocando hasta en 30 festivales de *jazz* al año. También tocó en otros conciertos, en bailes y en clubes. Una vez le dijo a un amigo como chiste que su gran ambición era ser la primera banda que tocara en la luna.

Tito trabajó en varios proyectos. Hizo apariciones como invitado en programas de televisión. Se hizo amigo del actor y comediante Bill Cosby después de aparecer en *El Show de Bill Cosby*. También apareció como invitado en un programa conversacional de televisión nocturno y en *Plaza Sésamo*. Su voz y su música también aparecieron en *Los Simpsons*. En este programa, Tito fue contratado como instructor musical de la banda de la clase de Lisa.

Tito trabajó en el cine. Grabó la banda sonora de películas como *Zoot Suit*. Tito escribió y tocó la música de la película de 1992

*Los reyes del **mambo***. También apareció en la película como él mismo. La película es sobre la **música latina** en el salón de baile Palladium de Nueva York. También tocó la canción del título de la película en los premios **Grammy** de ese año, junto a otros artistas **latinos** conocidos.

Los reyes del mambo, lanzada en 1991, marcó un logro importante. Fue el álbum número 100 de Tito. Se convirtió en uno de los pocos artistas en haber grabado tantos discos. Tito le dedicó el álbum a su amigo Jimmy Frisaura, quien estaba enfermo y no pudo grabar con él.

Llevando la delantera

Tito apoyaba los esfuerzos de los músicos jóvenes apareciendo como invitado especial en sus discos. Se veía a si mismo como un modelo para los jóvenes. Tito consideraba a los músicos más jóvenes como los nuevos intérpretes de la tradición de música latina. A cambio, los jóvenes latinos lo admiraban como alguien de quien tenían mucho que aprender. Ellos veían cómo la música de Tito reflejaba un aspecto positivo y energético de la **cultura** latina que había llevado alegría a la gente.

Tito hizo una grabación y un video, ambos titulados *La familia,* con los **percusionistas** Sheila E. y su padre Pete Escovedo. En el video, los espectadores pueden ver la alegría que la música le daba a Tito. Escovedo presenta a Tito como el tío Tito de Sheila, y no porque realmente lo fuera, sino por el afecto que sentían los unos por los otros.

Tito Puente con su hijo Tito Puente. Como su padre, Tito, hijo, estudió el piano, escribió música y tocó en clubes de Nueva York a una temparana edad. Escribió la canción "Caliente" como un tributo a su padre.

Más honores

Durante su vida, Tito ganó docenas de premios y honores. Era como si la gente adorara cualquier cosa que hiciera Tito. Hollywood honró al incansable artista en 1990 con una estrella en el Paseo de la Fama de Hollywood. Ese mismo año, Tito ganó un cuarto **Grammy** con su canción "Lambada Timbales".

Tito tocó para presidentes y fue honrado como "Leyenda Viva" por la Biblioteca del Congreso de Estados Unidos. En 1993, una orquesta de *jazz* de estrellas tocó un tributo a Tito en el Carnegie Hall en la ciudad de Nueva York. En 1997, le dieron a Tito la Medalla Nacional de las Artes. Tito fue a la Casa Blanca para recibirla.

Para 1998 Tito había grabado 116 discos, escrito más de 450 canciones y creado más de 2,000 **arreglos**. Al año siguiente, Tito ganó el Grammy **Latino** por Mejor Actuación Tropical Tradicional por el álbum *Mambo Birdland*. Los Premios Grammy Latinos fueron creados en 2000 para reconocer a los artistas latinos. Los premios fueron trasmitidos por televisión principalmente en español.

Tito **dirigió** sus propias bandas por más de cincuenta años. Siguió haciendo música hasta poco antes de morir el 31 de mayo de 2000, después de una cirugía al corazón. Tenía 77 años. Conocimiento musical, habilidad natural, creatividad y mucho trabajo fueron los secretos de la larga carrera de Tito. Su música unió a la gente de todas las edades, razas y **culturas**. La música de Tito vive dondequiera que los

Los hijos de Tito, Tito, hijo, y Audrey Puente, aceptaron por Tito su premio Grammy Latino por Mambo Birdland *en 2000.*

sonidos del *jazz* **latino** inspiren a nuevas generaciones de músicos. Hoy en día, el hijo de "El rey", Tito Puente, hijo, continúa la tradición de su padre: hacer y tocar **música latina**.

Glosario

arreglar cambiar una pieza de música para voces e instrumentos distintos a aquellos para los que fue escrita

bilingüe persona que habla dos idiomas

compositor persona que escribe música

cultura manera de vivir de un grupo, por ejemplo, los alimentos que comen, las ropas que visten y los valores y creencias que comparten

dirigir conducir a un grupo de músicos mientras tocan una canción

discriminación tratamiento injusto de la gente basado en su raza u otra característica

étnico acerca de un grupo grande de personas cuyos orígenes tienen características comunes como la raza, la religión y el idioma

Grammy reconocimiento que se da en la industria musical de los Estados Unidos

improvisar en *jazz*, la acción de inventar y tocar música en ese mismo momento

integrado no separado por razas

jazz forma de música basada en la improvisación, los solos y los cambios rítmicos. Fue desarrollado por músicos afroamericanos a comienzos del siglo veinte.

jazz latino mezcla de música latina con *jazz*, también llamada salsa o música afrocubana

latino persona de Latinoamérica o cuyos antepasados llegaron de Latinoamérica

mambo forma de música rápida latina bailable que es una mezcla de músicas africana, latina y *jazz*. También es lo que baila la gente mientras escucha esta música.

música latina música que llegó originalmente de latinoamérica. También, cualquier música tocada con sonidos latinos, bien sea tradicionales o modernos.

percusión instrumentos que se tocan golpeando con las manos o baquetas como la batería, los bongoes y el xilófono

rhythm and blues forma de música rápida bailable desarrollada por los afroamericanos en las ciudades. El rhythm and blues incluye batería, piano, bajo y guitarra eléctrica

ritmo golpe continuo en una pieza musical

salsa música latina con una mezcla de elementos cubanos, puertorriqueños y del *jazz*

solo en el *jazz*, la parte de una canción en la que el enfoque es un solo músico

swing tipo de *jazz* popular durante las décadas de 1940 y 1950 que a la gente le gustaba bailar

veterano alguien que ha estado en una guerra

Cronología

1923: Nace Tito Puente el 20 de abril en la ciudad de Nueva York.

1935: Se convierte en miembro de "Las Estrellas del Futuro" en su iglesia.

1939: Abandona la escuela para convertirse en músico a tiempo completo.

1941: Graba por primera vez con la orquesta Suave *Swing* de Vincent López y aparece en cortometrajes.

1942: Se une a la orquesta de Machito en los timbales; es reclutado por la marina.

1945 a 1947: Estudia en la escuela de música Juilliard y trabaja con varias bandas. Se convierte en baterista y director musical de la orquesta de Pupi Campo.

1948: Dirige su propio grupo, The Picadilly Boys.

1949: Se convierte en director de banda a tiempo completo, dirigiendo grupos por los próximos 51 años de su vida. Su primer éxito es la canción "Abaniquito".

1955: Graba uno de sus álbumes más creativos, *Puente in Percussion,* usando solamente bajo y percusión.

1957: El gobierno cubano reconoce formalmente a Puente en una ceremonia de homenaje a los grandes músicos cubanos de los últimos cincuenta años. Puente es el único que no es cubano con ese honor.

1962: Comienza a ser conocido internacionalmente. Graba "Oye como va", que se convierte en un gran éxito para Carlos Santana ocho años más tarde.

1967: Presenta un concierto de sus propias composiciones en la Metropolitan Opera de Nueva York.

1979: Da una gira en Japón con el LP *Jazz* Ensemble y gana su primer premio Grammy.

1980: Funda una beca para músicos jóvenes.

1991: Celebra el lanzamiento de su disco número 100.

1997: Recibe la Medalla Nacional de las Artes del presidente Clinton en la Casa Blanca.

2000: Tito Puente muere de una falla en el corazón.

Información adicional

Lectura adicional en español

Stefoff, Rebecca *Gloria Estefan*. New York: Chelsea House, October 1994.

Lectura adicional en inglés

Flanders, Julian, Ed. *The Story of Music: Gospel, Blues, and Jazz. Volume 5*. Danbury, Conn: Grolier Educational, 2001.

Martin, Marvin. *Extraordinary People in Jazz*. New York: Children's Press, 2003.

Vigna, Guiseppe. *Jazz and Its History*. Hauppauge, NY: Barron's Educational Series, Inc., 1999.

Direcciones

The Tito Puente Scholarship Fund
for Latino Outreach
Hackley School
293 Benedict Avenue
Tarrytown, NY 10591

UCLA Ethnomusicology Dept.
University of California
at Los Angeles
Box 951657, 2649SMB
Los Angeles, California 90095-1657

Smithsonian Jazz
Masterworks Orchestra
National Museum
of American History
Division of Cultural History
MRC 616
14th Street and Constitution
Avenue, N.W.
Washington, D.C. 20560-0616

The Children's Music Network
P.O. Box 1341
Evanston, IL 60204-1341

Índice